Hanna Esping Östlin

Samtida betraktelser

2015

© 2015 Hanna Esping Östlin

Foto: Hanna Esping Östlin

Förlag och tryck: BoD

ISBN: 978-9-1756-90742

"Livet är inte ett problem som skall lösas utan en verklighet som skall upplevas."
- Kierkegaard

Nyårs-tankar

In med det nya och ut med det gamla
Förväntningar många i högar vi samla
Vad ska vi ändra och vad ska behållas?
Julmaten ryker och gymtider kollas
Minska på rött kött och öka det gröna
Är då de rödgröna bara en skröna?
Finalen är avgjord, då rök andra chansen
Vem sitter i juryn, var står Alliansen?
Ur led är nu tiden, vem ger man mandaten?
I Sverige är värstingen nu demokraten
Någon är bufflig och någon är reko
Men vem ville vad? Vad sa Dagens eko?
Kan de sig ena och Svedala styra,
Nu när vi just bytt till femma från fyra?
Jag lutar mig bakåt och ser mig omkring
Och nog kan jag ändra på saker och ting
Men, jag har det rätt bra när jag tänker tillbaka
Jag gör nog som vanligt och tar mig en kaka

Samtida tankar

Snackisar, nyheter, spaningar, trender
Svårt att ha koll, det är mycket som händer
Det varnas för svag is på sjöar i söder
Det varnas för stark IS vars offer förblöder
Vi jublar åt slowfox som dansas av Stenmark
Vi skäms över manuset till praktikant-Bark
I snövit trikå och med anpassad valla
Två stycken guld togs av Olsson och Kalla
Men vad får vi veta av nyhetshallåa?
Kan guldet va' svart, och dräkterna blåa?
Jag som är pluskund, vad får jag för ränta?
Plus-minus-noll? Vad är att förvänta?
Blev Krims krams juvelen med oljan och gasen,
Långt innan ryska armén satte basen?
Är kvinnan med pappmugg och filtar vid ICA
En skurk som kom hit för att skinna oss rika?
Vem ska jag följa? På vem kan jag lita?
Vad ska jag hashtagga, lajka, retweeta?
Vi hoppas att Zlatan kan mass-öka målen
För fler än de namn som är skrivna på bålen

De flesta försöker nog göra sitt bästa
Så stötta varandra, ta hand om din nästa

Rådande reflektioner

Många har njutit av påskgula dagar
Med godis och ägg har man fyllt sina magar
Men vårsolen föder på nytt ambitioner
Så budget och hälsa ges nya motioner
På löprundan gläds vi åt krokusrabatter
På löpsedeln höjs våra drivmedelsskatter
Många miljoner vill läggas på rälsen
Kommer då lok enligt tågtidtabell sen?
Kan stålar från överskottsmål fylla korgen
Med näringsrik mat inom äldreomsorgen?
Vem värnar om hemmen? Vem värnar om RUT
nu?
Det hann knappt slå ROT innan Löfven slog ut, ju
Säg, införs en styrning av vem man får hata?
Drivs sådant parti av ett gäng desperata?
Åt höger ses vandra en skara av fromma
I hopp om att till extremistdörren bomma
De kom överens allihop i december
Vad lovades då? Vad står fast nu? Remember?

Hann ambassadören till saudiska marken
Innan ett brev kom från svenske monarken?
Är öst nu partiklarnas teknokrati-land
När ordklyveri blir till diplomati-band?
Vill samtidens gud om all kärlek predika?
I lust och i nöd är väl alla rätt lika?
Men makt, höga hästar, fanatiker, pengar
Vill ännu se skillnad på herrskap och drängar
Så modig är den som vill lita på andra
Att enas och sida vid sida sen vandra

Betraktelser i maj

Trots pingst, ger oss maj månad än kalla handen
Tillkännage värmen, likt helige Anden
Du skall icke stjäla, det är sjunde budet
Och även i Hong-Kong är detta förbjudet
Kan skolan bemästra lektionsrackartygen
Om införande görs av ordningsbetygen?
Hur ska vi få jobb nästintill allihopa
Så arbetslösheten blir lägst i Europa?
Kan någon ha mixtrat med gravitationen
På urringningarna i Eurovisionen?
Det drar och det blåser kring Göteborgs
långbänk
Expert eller folket, vem vet bäst om Västlänk?
Hur tolkar vi bombplan från östs Riddar Kato?
Bör Sverige ett medlemskap teckna med NATO?
Säg, kan slakt och övergrepp på de civila
Berättiga hemkomst för kraftsamlingsvila?
Vad händer om Ask-locket lyfts, som Pandoras?
Kan läget för EU-migranter försvåras?

Till brud ska Carl Philips Sofia sig dressa
När Kungen i juni ger titeln prinsessa
Om sessor och riddare läses i sagor
Men även i dagsfärska tidningsupplagor
Låt vardagens äventyr få sensmoralen:
Till slut är det hjälten som vinner finalen

Betraktelser i juni

I blågula färger har Svedala svajat
På landet, i staden man lövat och majat
Nu rävar har raskat runt midsommarstången
Och björnar har sovit trots rungande sången
I tider med senapssill, gräslök och matjes
Syns gräddfilspolitiker snart där debatt ges
Ska Sifo procenträkna då mellan talen
En valbarometer ifrån Almedalen?
Vi lustiga gröna små grodor får höra
Som medelhav, handslag och båtfärg beröra
En budget från höger var DÖtt lopp från starten
Så varför bemöda sig att göra klart den?
Nå, ska statlig samordning nu förekomma?
Kan jag boka flyget och landa i Bromma?
Säg viljen i veta, o viljen i fatta?
Hur ska vi få jobb? Hur blir vi sysselsatta?
Vill Sundhage fortsätta utan en Seger?
Det sias av sportkommentators-strateger
Vi hedrar, vi minns dem och kända vinjetten
Den trion, fem myror och snabelkvartetten

Hos Apple en innovation är att finna
En kabel som både kan ladda och brinna
De på oceaner setts segla och rejsa
Snart vill de väl vila, i kojen kapsejsa?
Det blev breaking news här på Ulleviscenen
När Foo Fighters Grohl föll, och gipsade ben sen
Om västdemokraterna ses gå på pumpen
Blir Hillary Clinton besviken och Trumpen?
De grekiska plånböckerna är ej feta
Är geopolitiska rubel då heta?
Hur färgas nu styret av grannarnas tvåa
När röda och vita ska ledas av blåa?

Vår blågula kulmen är midsommaryra
Det kan ingen färg på partierna styra
Trots regnrusk vi genomför glatt traditioner
Och struntar i hudfärger, kön, religioner
För jungfrun är skär, alla gubbar är röda
I majstången regnbågens färger ses flöda
Och himlen är svart, eller blå, eller båda
Den inställningen kan väl alltid få råda?

Sommarens funderingar

När Spotify bjuder på Sol, vind och vatten
Vi värmer oss redan med höstkilowatten
Semesterbad kyliga så in i Norden
Men värmen den böljar på resten av jorden
Se, humlor och bin sköter gräspollinering
Allergikern sköter sin medicinering
Om barndom och möten som varvas med ljuv ton
Kan höras i P1 var dag klockan tretton
På nätet går dreven i hotfulla toner
Förstår man att mottagarna är personer?
Mot påhopp och hot som är oförsvarbara
Man hashtaggar i sin protest backazara
Vår nya falang verkar vara kränkismen
Med hetsiga rivjärn och sårade cismän
Hur tror man sig hindra en lynchgenerator
När skräcken släpps åter på Umeås gator?
Den vice som vi se att ersättningsleda
Fick bara en ihålig titel att reda
Förutan ett jobb skapas utanförskapet
Kan nya politiker minska på gapet?

Nu swipar från höger besvikna procenten
Som vill att ett Sverigeparti blir regenten
Gör Tsipras sitt rike till ett hypotekland
Om juryn nu ger tredje chansen till Grekland?
En urkärnad deal mellan anrika länder
Ska ge assURANs om att ingenting händer
På Vägen till Hellgnöjets rockveteraner
En strid ström av oldboys i fanskaravan är
Ger låtar med svordomar, ord ekivoka
En norm till vår ungdom om hur vi ska språka?
Vi tackar dig Robban för tiden på jorden
En mästarnas mästare var du på orden
Till våren kan höras den halvhöjda tonen
I Globen som gästas av Eurovisionen
Nu in, efter fruntimmer, rötmånad träder
Så innebär det att vi tur får med väder?

Klimatet är kyligt, vad händer med världen?
Man avrättar iskallt med bomber och svärden
Historiska händelser borde oss lära
Vår jord och dess invånare ska vi ära
För godheten har varje barn på planeten
Så självklart och sant har de medmänskligheten

Och bakom fasader som vuxna sig bygga
Där finns det små barn som vill känna sig trygga
Så många är vilsna, frustrerade, rädda
Kan det bli förändring om flera blir sedda?
Dock kan ingen ändra på världen allena
Men alla kan bidra på egen arena

Sociala medier, socialt eller?

En mänska som lever på twitter
Får medhåll och mothugg och fnitter
Är så fokuserad
På att bli citerad
Hen IRL-livet försitter

En snubbe som lever på Insta
Han fotar det allraste minsta
En bild i kvadrat
Ett utmärkt format
Han ser livet genom sin lins, va?

En donna som lever på fejjan
Vars flöde är fest och galejan
Två lyckade ungar
Syns leva som kungar
Men bakom fasad är dagsmejan

En cooling som lever på snapchat
Och twentyfourseven poserat
Ger egofragment
På alla moment
Men live-möten helt nu har ersatt

Samtida september

September oss erbjuder hösten att hysa
I färgprakt och frostvitt, en tid för att mysa
Vår sommarsemester har nått till sin ände
Trots all ledig tid, var det mycket som hände
Med inrikes, utrikes, sport, konst, skandaler
Vi dagligen matas från flera kanaler

Vad händer med jordbrukets verksamhetsgrenar
Om mjölken får sina i blågula spenar?
Får Andersson ordning på Sveriges finanser
Med budgetens ökning av skattleveranser?
När Blåsippor ute i backarna står sig
De stiger och säger att flykting ska få nej
Förverkligande av partiföresatsen
Ges nu alla chanser, att hjälpa på platsen
Kan medlem i Nato bli framtidsförsvaret?
Det råder en splittring, vem sitter med svaret?
Hur funkar systemet, säg råder konfliktlag
När pöbeln ger domar och utdelar pliktslag?
Att avpixla Caesar, det gjorde Expressen
Korrekt eller fel att ha knäckt sekretessen?

Vid målgången får nummer ett Lagercrantzen
Ska fyran bli prisad av årtusen-fansen?
Blev Microsofts tia en väl generös en
Som bjuder till kreti och pleti ditt lösen?
Hur lyckades Bolt att tre gyllene ägg, säg,
Förvärva i boet trots vurpa med Segway?
Idolens kuvert var en felleverans stor
Kristallen den fina fick fötter med dansskor
Monarken kan snart kallas barnbarnskvartett-
King
När blivande drottning får ännu en ättling
Kan kunskap om insats mot främlingsfientlig
Nu Rothfästa Friedfullt förändring väsentlig?
En insats som ledare hörs säga: Verkställ!
Nog borde vi lyssna på Rosling och Merkel?

September, ett svagt ljud av röster hörs tystna
I vågornas färjslakt, i rimfrost förfrysa
Den nöden ska frikopplas från politiken
Akutfokus är minimering av liken
Låt inte en motmänniska styra handling
Som medmänniska kan vi uppnå förvandling

Oktobers observationer

Oktober man avslutar i Halloweendräkt
Med zombiemake-up erhålls godis som intäkt
Att hedra de döda har snart gått i graven
När mammon drar in oss i skräckshopping-naven
Skelett, spöken, pumpor vårt hus dekorera
Och samtidigt fortsätter jorden rotera

Se Astrid och co fägna framöver
Som nya profiler på svenskarnas klöver
På slottet en babyboom nu annonseras
Ska kungen och drottningen då pensioneras?
En MSC-certifierad god räka
Kan samvetsgrann skaldjursfantast i sig vräka
Processar vi kötten är de cancerogena
Det kanske är säkrast med vingar och fena
Rekord satte Star Wars biljettsläpp. Så cool, jo,
Men trippelt upp sålde vår Håkan. Han solo!
Rätt snart kan vi lyssna till farbror Diego
När Bildt skådespelar med sitt radio-ego
Per Mobergs beskärda del fås på ett bräde
En knivsudd av priset kan ge någon glädje
Säg, blev politiken en mer instabil en
När döden nu tog överenskomna dealen?

Är Nyare namnet i second edition
Med Batras försök till politisk audition
Nu svärmor har slutat och ungdomar fockas
Kan snart proselyternas röster bort plockas?
Hur hållbar är rödgrön regent på en skala
När både procenten och tilliten dala?
Partiernas utsagda löftestablåer
Tar fasta på Volkswagens sanningsnivåer
Kan operation ifrån östmilitären
Nu bomba sig fram till ett slut på misären?

Hur långt får det gå innan vindarna vänder?
Kapsejsade båtar och anlagda bränder
Vem tröstar familjen när skräcken tar offer
Då rashatarhetsen ger hemska spin-offer?
Låt rädsla och hat ge för medkänsla vika
Lär känna din nästa, ni kanske är lika

Noteringar i november

November är mest en transport till adventstid
En längtan att snart ge sig hän sakramentspeed
Att byta det gråa mot stakar och stjärnor
Och prova ut linnen till gossar och tärnor
Vi vill gärna trygga decemberrutiner
När jorden ses snurra för lösa boliner

Nu vida sprids info om Sveriges förfall kring
På bruna små flygblad med urkundsförfalskning
Tre månader ges oavkortat till pappa
Hur slår det mot löner som redan är knappa?
Vill KDU stärka parti med kampanjen
"Köp DÖ-firarflaskan, fast utan champagnen"?
Blir framtida namnbyte nu det centrala
När folket ska lockas till Jans Liberala?
Vår ledares ord är rätt provokativa
När förgångsministrar han kallar naiva
I dopingskandalträsk ses ryssarna wada
Hur många berörs, en hel idrottsarmada?
Den smaklösa Kringlan med bismaker beska
Har nog bränt sin knegdeg med hoten groteska
Var dåligt parti färska örter den källan
Som gav Göteborgsmaten smak av shigellan?

Vaccin eller inte? Behöver du ens, va?
Säg, blir det så farligt med årets influensa?
Bejublad blev bollkung som tog oss till EM
Men nog krävs ett lag för att spelet ta helt hem?
Hotellkungen välkomnar innanför gränsen
Hur blir det med plats på monarkresidensen?
På Twitter förändrades snabbt favvo-normer
När stjärnan blev ersatt av hjärtliga former
Se, så mycket bättre kan kärleken smycka
En handling än hatet, i landet av lycka

Nu mörkare tider för årstid och samtid
Hur påverkas hoppet för allas vår framtid?
En ofattbar grymhet helt utan besinning
Men ondska och våld ger på sikt ingen vinning
Så tänd alla ljus, låt nu rösterna höras
Vår frihet och trygghet ska återinföras

Juletid

Systemet av siffror sekvensstyr i staken
Vi pysslar med pyntet på pepparkaksbaken
Vårt julbord ges jämt givetvis jätteytan
Med gröt, grisfot, grönkål och god dopp-i-grytan
Vi städar och stöper och stoppar små korvar
I lut lägges långan som länge helt torr var
Nu glögg-googlas godsaker goda till brygden
Och bullar ska bakas och bjudas på bygden
Tar julost på julvört till julmust och julfrid
Karl-Bertil och Kalle kreerar en kul tid
Sen klapparna klassificeras till klanen
Och bockarna, stackarna, stockas vid granen

Fast fattas familjen kan fest bli förskräcklig
Och bristen på bostad gör brödfödan bräcklig
Kan vi kanske klyva en bit av vår kaka
Och sprida små smulor så fler kan få smaka?

Tack för mig ☺